UNIVERSITÉ DE FRANCE.

ACADÉMIE DE STRASBOURG.

THÈSE
POUR LA LICENCE,

PRÉSENTÉE

A LA FACULTÉ DE DROIT DE STRASBOURG

ET SOUTENUE PUBLIQUEMENT

le Mardi 18 Mai 1852, à midi,

PAR

RÉNÉ BRACKERS DE HUGO,

de Frélon (Nord.)

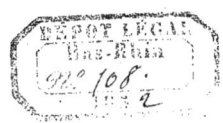

STRASBOURG,
DE L'IMPRIMERIE D'ÉDOUARD HUDER, RUE DES VEAUX, 27.

1852.

A LA MÉMOIRE

DE MON PÈRE ET DE MA MÈRE.

BRACKERS DE HUGO.

A MON ONCLE

MONSIEUR DUCASSE.

A MA TANTE

MADAME AUDIGUIER.

BRACKERS DE HUGO.

FACULTÉ DE DROIT DE STRASBOURG.

MM. Aubry ✻. . . . . . . doyen et prof. de Droit civil français.
. Rauter ✻ . . . . . . doyen honor. et prof. de procédure civile et de législation criminelle.
Hepp ✻ . . . . professeur de Droit des gens.
Heimburger . . . . . professeur de Droit romain.
Thieriet ✻ . . . . . professeur de Droit commercial.
Schützenberger ✻ . professeur de Droit administratif.
Rau ✻. . . . . professeur de Droit civil français.
Eschbach . . . . . . professeur de Droit civil français.

Blœchel ✻ . . . . . professeur honoraire.

Destrais. . . . . . . professeur suppléant.
Luquiau . . . . professeur suppléant.

Bécourt, officier de l'Université, secrétaire, agent compt.

MM. Rau, président de la thèse.

Rau,
Eschbach,
Aubry,
Destrais, } examinateurs.

La Faculté n'entend approuver ni désapprouver les opinions particulières au candidat.

DROIT CIVIL FRANÇAIS.

De l'extinction des priviléges et hypothèques et du mode de les purger.

(Liv. 3, tit. 18, chap. 7 — 9, art. 2180 — 2203 du Code Napoléon.)

Introduction.

Le privilége est un droit que la seule qualité de la créance, c'est-à-dire, la faveur qu'elle mérite aux yeux de la loi, donne à un créancier d'être payé de préférence à d'autres.

L'hypothèque est un droit réel sur les immeubles affectés à l'acquittement d'une dette.

La préférence, en matière de privilége, ne se détermine pas par une priorité de temps, mais bien d'après la qualité de la créance; l'hypothèque se détermine à raison de l'époque où chacune des hypothèques a été acquise; le privilége résulte toujours de la loi.

L'hypothèque est acquise par une inscription sur les registres du conservateur; mais elle peut prendre naissance soit par la loi, soit par un jugement contenant une condamnation actuelle à des prestations quelconques, ou, du moins, le germe d'une condamnation de cette nature; enfin par la convention des parties.

L'inscription est requise pour la conservation des droits de préférence et de suite accordés aux créanciers; mais la loi ne pouvait pas s'occuper seulement des créanciers, le débiteur devait être également protégé; elle devait lui offrir les moyens de se libérer soit directement, soit indirectement.

Quant au tiers acquéreur d'immeubles grevés d'hypothèques, la loi devait aussi le prendre sous sa protection, pour lui indiquer sa marche pour arriver à l'affranchissement de l'immeuble acquis.

Notre travail s'occupera principalement de ces deux dernières classes.

Exposition.

L'art. 2180 du Code Napoléon énumère les causes d'extinction des priviléges et hypothèques :

1° L'extinction de l'obligation principale;

2° La renonciation du créancier à l'hypothèque;

3° L'accomplissement des formalités et conditions prescrites aux tiers détenteurs pour purger les biens par eux acquis;

4° La prescription.

Un chapitre sera consacré à ces quatre modes d'extinction; mais cette énumération n'est pas complète. Il existe d'autres extinctions, qui seront renfermées dans un chapitre spécial.

CHAPITRE PREMIER.

Extinction de l'obligation principale.

L'hypothèque est un droit réel sur les immeubles affectés à l'acquittement d'une obligation.

C'est une garantie prise pour assurer une obligation principale, et qui par conséquent doit en suivre le sort; *accessorium sequitur principale*.

L'extinction de l'obligation principale entraîne donc celle de l'hypothèque.

L'obligation principale est éteinte (1224 C. N.) :

a) Par le paiement, qui est l'acquittement de l'obligation; mais il faut que celui qui a payé ne se soit pas fait subroger aux droits et hypothèques du créancier (art. 1250, C. Nap.).

b) Par la novation, substitution d'une nouvelle dette à l'ancienne; cependant il ne faut pas appliquer ce principe au cas de substitution prévu par l'art. 1278, par lequel les priviléges et hypothèques d'une ancienne créance ne passent pas à la nouvelle, à moins que le créancier n'ait empêché, par une réserve expresse, l'extinction des priviléges et hypothèques de l'ancienne créance.

c) Par la remise volontaire de la dette (1282).

d) Par la compensation (1289), *compensatio enim solutioni æqui paratur*.

e) Par la confusion (1300), *res sua sibi pignori esse non potest*.

f) Par la perte de la chose (1302).

g) Par la nullité ou la rescision de l'obligation.

h) Par l'effet de la condition résolutoire; lorsque le droit de celui qui a constitué l'hypothèque vient à cesser, l'hypothèque doit s'éteindre, *quia soluto jure dantis, solvitur jus accipientis*.

Il faut que dans tous ces cas l'extinction soit totale et absolue ; si elle n'était que partielle, l'hypothèque, vu son indivisibilité, subsisterait tout entière.

Si l'obligation, éteinte seulement sous condition, vient à revivre, les hypothèques et priviléges qui y étaient attachés revivent également.

L'hypothèque ne revit pas, si un créancier hypothécaire a reçu en paiement de son débiteur l'immeuble affecté et dont il serait évincé par la suite.

M. Troplong (n° IV, Ces hyp., 847) distingue deux cas: Si l'éviction a lieu pour une cause postérieure au contrat ou imputable au créancier, alors l'obligation, une fois éteinte, ne peut revivre.

Ou si cette éviction procède d'une cause antérieure au contrat, alors l'hypothèque revit.

Mais l'éviction ne peut faire revivre la créance qui a été définitivement éteinte par la novation que suppose la dation en paiement.

CHAPITRE II.

Renonciation du créancier à l'hypothèque.

Pour renoncer à une hypothèque ou à un privilége, il faut être capable d'aliéner.

Le créancier peut renoncer à son hypothèque ou privilége ; mais cette renonciation laisse intacte l'obligation principale.

La renonciation doit être expresse ou tacite.

Elle sera expresse, quand elle sera formellement énoncée par le créancier : quand, par exemple, le créancier aura donné main levée de l'hypothèque.

Elle sera tacite, quand elle résultera de certains faits émanant du créancier ; s'il permet la vente de l'immeuble hypothéqué, s'il assiste, comme notaire ou comme témoin, à un acte dans lequel l'immeuble, déclaré franc et libre, est affecté à une nouvelle hypothèque.

Cependant la renonciation à une inscription hypothécaire n'emporte pas, en général, renonciation à l'hypothèque elle-même; on pourrait considérer cet acte comme cession de priorité d'hypothèque.

En tout cas, la renonciation est un acte unilatéral, qui est irrévocable, encore bien que le débiteur ne l'ait ni demandée, ni connue, et les autres créanciers peuvent s'en prévaloir.

On ne pourrait rien induire d'une signature donnée par le créancier, *honoris causa*.

Si le contrat est nul ou non avenu, l'hypothèque renaît.

CHAPITRE III.

Des formalités et conditions prescrites aux tiers détenteurs pour purger les biens par eux acquis.

La faculté de purger est un bénéfice accordé au tiers acquéreur d'un immeuble grevé de priviléges et d'hypothèques susceptibles d'être exercés contre lui.

La purge a pour effet d'arrêter les conséquences qu'entraîne le droit de suite, et de conduire à l'affranchissement de l'immeuble grevé, soit au moyen du versement du prix de cet immeuble entre les mains des créanciers privilégiés et hypothécaires en ordre de le recevoir, soit par le seul effet du défaut d'inscription dans l'hypothèse prévue par les art. 2194, 2195 du Code Napoléon.

Cette distribution anéantit toutes les hypothèques préexistantes dont l'immeuble hypothéqué était grevé; celles des créanciers, utilement colloquées, sont éteintes par le paiement, et celles des créanciers qui n'ont pu obtenir une collocation utile, soit à cause de leur négligence, soit à cause de l'insuffisance du produit de la vente, sont effacées par l'autorité de la loi.

L'origine de ces formalités ne se trouve pas dans le Droit romain.

A Rome, il n'y avait aucun système organisé pour la purge des biens vendus volontairement. Les hypothèques restaient cachées, et le tiers acquéreur pouvait être évincé pendant trente ans par tout créancier hypothécaire.

Cet état de choses venait de ce que les hypothèques n'étaient pas publiques, comme en Droit français. Le Droit romain ne fournissait aucun moyen pour arriver à la vérification des hypothèques. La convention d'hypothèque n'était assujettie à aucune forme ; elle pouvait être même purement verbale : toute la question se bornait à la nécessité d'en prouver, d'une manière ou d'une autre, l'existence et la date, et elle produisait dès lors ses effets (Dig. XX, 1, *de pignor.*).

L'hypothèque, chez les Romains, donnait lieu à deux sortes d'actions, savoir : à l'action *quasi serviana vel hypothecaria* et à l'action *pignoratitia*. La première avait pour objet d'obtenir la possession ou vente du bien hypothéqué, en quelques mains qu'il fût ; la seconde avait pour objet de faire restituer les objets mis en gage après le remboursement du prêt.

Au moyen âge la jurisprudence française a beaucoup varié sur la manière de constituer les hypothèques ; dans une grande partie de la France, on suivait le Droit romain, l'hypothèque était occulte et générale ; dans d'autres parties, comme la Flandre, la Picardie, l'Artois, la Champagne, l'hypothèque était publique et générale (Laferrrière, Dict. de droit, v° Nantissement).

Quant à la purge, on trouve en usage le décret volontaire ou vente en justice. Le décret était la vente faite par décret du juge sur la poursuite d'un créancier, et après un certain nombre de criées. Avant l'adjudication les créanciers devaient faire opposition pour conserver leurs droits.

Un édit de juin 1771, rendu par Louis XV, remplaça les décrets volontaires par les lettres de ratification.

Le principal but de l'édit de 1771 était de préserver, en cas de vente, l'acquéreur de l'immeuble vendu, et de conserver aux tiers tous les droits qu'ils pouvaient avoir sur cet immeuble; à cet effet, il fut créé, dans chaque siége royal, une chancellerie pour expédier les lettres de ratification, et un conservateur des hypothèques pour recevoir les oppositions qui y seraient faites.

Pour atteindre son but, l'édit de 1771 prescrivit que tout acquéreur, qui voulait purger les hyphothèques dont l'immeuble par lui acquis était grevé, devait obtenir une lettre de ratification; pour y parvenir, il était obligé de déposer son contrat d'acquisition au greffe du tribunal de la situation de l'immeuble, et l'extrait de ce contrat était affiché pendant deux mois dans l'auditoire. Pendant ce délai, tout créancier du vendeur avait droit de surenchérir, et le créancier hypothécaire avait celui de former, entre les mains du conservateur des hypothèques, opposition à la délivrance des lettres de ratification. Les deux mois révolus, ces lettres étaient expédiées, et toutes les hypothèques, même celles légales et privilégiées, étaient purgées.

Plusieurs tentatives avaient donc été faites avant la révolution, pour établir un système hypothécaire sur des bases solides. Mais elles échouèrent devant l'influence des partis.

Aussitôt après la révolution, le crédit ébranlé attira l'attention sur le système hypothécaire.

Une première loi du 9 messidor an III posa le principe de la publicité dans toute sa plénitude; elle établit des conservateurs dans chaque arrondissement communal et subordonna l'efficacité des hypothèques à leur inscription sur un registre à ce destiné.

La loi du 11 brumaire an VII imposa différentes conditions au tiers acquéreur qui voulait purger. Dans le mois de la transcription, le tiers acquéreur devait notifier au créancier: 1° le contrat d'acquisition; 2° le certificat de transcription; 3° l'état des charges et hypothèques assises sur la propriété. Dans le délai fixé, chaque créancier pouvait surenchérir d'un vingtième, sinon le prix était fixé définitivement et dès qu'il était payé, l'immeuble était purgé.

La loi du 11 brumaire consacra ainsi le principe de spécialité et de publicité.

Le Code civil a adopté un système à peu près identique ; il reconnaît deux espèces de purge :

1° Purge des priviléges et hypothèques inscrits ;

2° Purge des hypothèques légales non inscrites.

Les règles de la première catégorie s'appliquent aussi : 1° aux priviléges qui, dispensés d'inscription aussi longtemps que les immeubles grevés restent dans les mains du débiteur, doivent, pour demeurer efficaces, être inscrits dans la quinzaine de la transcription de l'acte d'aliénation.

Le Code ne s'était pas occupé des priviléges de cette espèce, mais l'art. 834 du Code de procédure a soumis tous les priviléges à la nécessité de l'inscription dans la quinzaine de la transcription, sous peine d'inefficacité à l'égard du tiers acquéreur.

2° Aux hypothèques légales des mineurs, des interdits et femmes mariées, qui ont été rendues publiques au moyen d'inscriptions prises avant que l'acquéreur n'ait rempli les formalités prescrites par l'art. 2194.

SECTION PREMIÈRE.

PURGE DES PRIVILÉGES ET HYPOTHÈQUES INSCRITS.

L'acquéreur qui veut purger doit faire transcrire son contrat d'acquisition.

Art. 2181 : Les contrats translatifs de propriété d'immeubles ou droits réels immobiliers, que les tiers détenteurs voudront purger de priviléges et hypothèques, seront transcrits en entier par le conservateur des hypothèques, dans l'arrondissement duquel les biens sont situés.

La transcription est exigée, non comme condition de la mutation de la propriété, sauf en cas de donation entre vifs, mais comme préliminaire de la purge ; elle donne aux créanciers hypothécaires la faculté de prendre communication de toutes les clauses et conditions de l'acte d'aliénation.

La transcription doit se faire sur un registre à ce destiné, et dont le conservateur est tenu de donner reconnaissance au requérant (2181).

La loi ne fixe aucun délai au tiers acquéreur, car tant qu'il n'a pas purgé, il peut être poursuivi hypothécairement.

L'acquéreur succède à tous les droits et charges du vendeur qui n'a pu lui transmettre plus de droits qu'il n'avait lui-même. Tout acte translatif de propriété doit être transcrit. Les ventes verbales, l'adjudication sur jugement forcé, si les notifications prescrites par l'art. 692 du Code de procédure (sommation d'assister à la vente) n'ont pas été observées, l'adjudication sur surenchère à la suite de vente volontaire, sont dispensées de la transcription.

Mais toutes les ventes ne sont pas dispensées de la transcription, par cette seule circonstance qu'elles sont faites sous le manteau de la justice. Il faut une autre condition pour que la vente faite en justice purge *ipso jure,* c'est que les créanciers intéressés soient devenus parties au procès, au moyen de la sommation qu'on leur fait d'assister à la vente, car alors ils sont suffisamment avertis. C'est ce qui arrive dans la vente forcée ou sur surenchère.

Mais il n'en est pas ainsi pour les ventes en justice des biens des mineurs, des interdits, des absents. Ces ventes, quoique faites en justice, doivent être considérées comme volontaires, et sont, par conséquent, sujettes à la transcription.

Dans tous les cas, il faut transcrire pour purger. La transcription ne peut être suppléée par aucune autre formalité. Par la transcription de son titre, l'acquéreur constitue le créancier en demeure, celui-c est déchu de la faculté de prendre inscription. Cependant, comme un débiteur de mauvaise foi pourrait, à son gré, faire inopinément encourir la déchéance et frustrer son créancier, en vendant de suite l'immeuble hypothéqué, et en empêchant, par des faits quelconques, que celui-ci ne puisse prendre son inscription avant que le tiers acquéreur ait fait transcrire son titre, le législateur, pour garantir les créanciers hypothécaires, leur a donné un délai de quinze jours, à compter de la transcription de l'acte translatif de la propriété de l'immeuble qui leur est affecté, pour prendre inscription de leurs hypothèques (art. 834, C. de proc.).

Le tiers acquéreur, qui a acquis plusieurs immeubles par un seul acte, ne doit pas faire transcrire pour tous les immeubles, lorsqu'il veut en purger seulement quelques-uns; car ces différentes ventes sont indépendantes les unes des autres.

En cas de ventes successives du même immeuble, le dernier acquéreur doit-il faire transcrire tous les titres successifs non transcrits ou seulement son propre titre?

Sur cette question, trois opinions ont été émises.

1° M. Tarrible veut qu'on transcrive tous les titres.

2° La Cour de cassation n'exige que la transcription du dernier contrat, et si les créanciers des vendeurs successifs ne s'inscrivent dans la quinzaine, ils sont déchus définitivement.

3° D'autres jurisconsultes distinguent :

Si le dernier contrat rappelle la nomenclature exacte des ventes précédentes, la transcription du dernier contrat suffit.

Si le dernier titre ne rappelle pas les ventes antérieures, il faut toutes les transcrire.

Lorsque plusieurs personnes ont acquis une propriété indivise, mais dont elles ont fait immédiatement le partage, elle peut requérir la transcription. Mais comme l'art. 2181 ne distingue pas, le tiers acquéreur devra faire transcrire son titre *en entier*, et par conséquent, acquitter tous les droits; car lorsque l'acte est transcrit, peu importe à la requête de qui il l'a été: il suffit que les tiers aient été prévenus pour que cette transcription produise tout son effet, comme si elle avait été requise par tous les intéressés. Le fisc réclamera du requérant la totalité des droits, sauf son recours contre les autres, s'ils font usage de la transcription.

Les créanciers hypothécaires et privilégiés peuvent devancer le tiers acquéreur et lui faire sommation de payer ou de délaisser ; celui-ci alors, dans le mois de la sommation, commencera les formalités de la purge ; il devra, dans le mois au plus tard, à compter de la première sommation, signifier aux créanciers inscrits aux domiciles par eux élus dans leurs inscriptions.

1° Extrait de son titre d'acquisition, contenant seulement la date et la qualité de l'acte, le nom et la désignation précise du vendeur ou du donateur, la nature et la situation de la chose vendue ou donnée ; et, s'il s'agit d'un corps de bien, la dénomination générale seulement du domaine et des arrondissements dans lesquels il est situé, le prix et les charges faisant partie du prix de la vente, ou l'évaluation de la chose, si elle a été donnée (art. 2183, C. Nap.).

2° Extrait de la transcription de l'acte de vente (2183).

3° Un tableau sur trois colonnes, dont la première contiendra la date des hypothèques et celle des inscriptions ; la seconde, le nom des créanciers, la troisième, le montant des créances inscrites (2183).

Les charges, faisant partie du prix, comprennent les prestations que l'acquéreur est obligé d'acquitter au profit du vendeur, de ses créanciers, ou des tiers que celui-ci a gratifiés. Lorsque les charges imposées à l'acquéreur sont des prestations en nature, ou qu'elles consistent dans l'obligation de payer les sommes d'argent, dont le montant ne puisse être déterminé à l'aide d'un simple calcul de capitalisation, elles doivent être évaluées par l'acquéreur ; par exemple, si le prix consiste en une rente viagère,

L'art. 832 du Code de procédure règle la forme de la notification ; elle doit être faite aux créanciers inscrits antérieurement à la transcription, et non à ceux inscrits seulement dans la quinzaine de la transcription (art. 835, C. de proc.): ces derniers sont donc exposés à perdre le droit de surenchérir.

Si la notification n'a pas été faite à un créancier antérieur à la transcription, la purge ne sera pas valable vis-à-vis ce créancier, pas même en cas de surenchère, qui purge l'immeuble de plein droit, si la non-notification résulte du fait du créancier.

4º L'avis qu'il est prêt à acquitter sur-le-champ les dettes et charges hypothécaires, jusqu'à concurrence seulement du prix, sans distinction des dettes exigibles ou non exigibles.

D'après la loi du 11 brumaire, le tiers acquéreur, qui voulait purger sa propriété, jouissait des mêmes délais que le débiteur principal. Ce système jetait de l'embarras dans la liquidation; pour y obvier, on a établi les dispositions de l'art. 2184.

L'acquéreur contracte donc un engagement personnel au profit des créanciers inscrits; aussi cette déclaration ne peut être faite que par des personnes capables de s'obliger.

Le tuteur peut notifier, sans autorisation du conseil de famille, puisqu'il aurait pu payer seul et directement le prix au vendeur.

Le nouveau propriétaire n'accomplirait pas valablement les formalités de l'art. 2183, s'il ne les avait commencées dans le délai fixé, ou si les notifications, faites aux créanciers, ne les ont pas mis à portée de surenchérir en connaissance de cause, ou, enfin, lorsque le tiers détenteur ne s'est pas expliqué d'une manière satisfaisante sur le paiement des dettes ou charges hypothécaires. Les irrégularités, qui ne portent pas préjudice aux créanciers, ne vicient pas la notification. Par exemple, y a-t-il nullité quand le prix de vente est désigné d'une manière inexacte? Cette fausse indication ne nuit nullement aux créanciers; le prix annoncé doit être supérieur ou inférieur; dans le premier cas, la peine du tiers acquéreur sera précisément de s'obliger à payer le prix qu'il indique; dans le second cas, les créanciers pourront toujours surenchérir.

Si la notification n'énonce pas le prix ou l'évaluation faite par le donateur, elle est radicalement nulle, car elle manque son but. Le tiers détenteur offre par la notification de payer les créances jusqu'à concurrence du prix ou de la valeur estimative de l'immeuble (2184). Il n'est pas tenu de payer la totalité des créances, car il n'est pas débiteur personnel.

Quant aux intérêts du prix, deux cas peuvent se présenter. Si le tiers acquéreur a payé le prix de vente au vendeur, il doit les intérêts du jour de la sommation de délaisser ou de payer; si, au contraire, l'acquéreur a conservé le prix, il en doit les intérêts du jour de la notification.

L'offre de payer emporte une obligation personnelle, dès que les créanciers ont accepté; mais tant que l'acceptation n'a pas eu lieu, l'acquéreur peut délaisser.

Lorsque l'acquéreur a déclaré qu'il est prêt à acquitter le prix, seulement jusqu'à concurrence des créances hypothécaires désignées au contrat, il est autorisé à demander la résiliation de ce contrat, s'il existe d'autres hypothèques que celles qui ont été déclarées.

SECTION II.

DE LA FACULTÉ DE SURENCHÉRIR ACCORDÉE AUX CRÉANCIERS.

Après l'accomplissement des formalités ci-dessus énumérées, les créanciers, leurs cessionnaires inscrits au plus tard dans la quinzaine fixée par l'art. 834 du Code de procédure, sont admis, individuellement, à requérir la mise aux enchères de l'immeuble grevé. En Droit romain, le créancier hypothécaire pouvait revendiquer l'immeuble vendu sans son consentement, pour s'en mettre lui-même en possession. En Droit français, il ne peut en provoquer que la vente en justice au plus haut prix possible; il peut ainsi déjouer les fraudes du débiteur et du tiers acquéreur, si ces derniers voulaient masquer une partie du prix. Mais ce droit n'appartient aux créanciers que s'ils prennent une inscription spéciale (art. 2185, C. Nap.; 834, C. de pr.). Il n'en est pas de même en ce qui concerne les créanciers ayant une hypothèque légale dispensée d'inscription, car le droit de suite existe indépendamment de toute inscription.

L'art. 834 du Code de procédure ne distingue pas, il est vrai, entre les priviléges généraux et les priviléges spéciaux; mais cet article ne s'occupe que des rapports des créanciers avec le tiers acquéreur et non de ceux des créanciers entre eux: il en résulte que le droit de préférence continue à subsister malgré le défaut d'inscription.

Le créancier inscrit qui veut user du droit de surenchérir ou de mise aux enchères doit remplir les cinq formalités suivantes:

1° Signifier la surenchère au nouveau propriétaire dans quarante jours, au plus tard, de la notification faite à la requête de ce dernier, en y ajoutant deux jours par cinq myriamètres de distance entre le domicile élu et le domicile réel de chaque créancier requérant.

La forme de cette signification est déterminée par l'art. 832 du Code de procédure.

Art. 832, C. de pr.: Les notifications et réquisitions prescrites par les art. 2183 et 2185 du Code Napoléon seront faites par un huissier commis à cet effet, sur simple requête, par le président du tribunal de première instance de l'arrondissement où elles auront lieu; elles contiendront constitution d'avoué près du tribunal où la surenchère et l'ordre devront être portés.

Quand il y a plusieurs créanciers, le délai de quarante jours court à l'égard de chacun d'eux du jour de la notification spéciale dont il est touché.

Lorsqu'au moment de la notification il n'y a qu'un seul créancier inscrit, et que plus tard d'autres créanciers s'inscrivent dans la quinzaine de la transcription, la notification court contre tous du jour où elle a été faite au créancier seul inscrit dans l'origine.

2° Une soumission de porter ou faire porter le prix à un dixième en sus de celui qui aura été stipulé dans le contrat ou déclaré par le nouveau propriétaire.

Il faut, en effet, que l'avantage que la masse hypothécaire tire de la surenchère soit bien réel et non problématique.

Ce dixième en sus se calcule sur tout ce qui constitue le prix, c'est-à-dire le prix et les charges.

3° Une signification de la surenchère au vendeur comme débiteur principal dans le même délai et de la même manière qu'à l'acquéreur.

4° Signature de l'original et les copies de l'acte contenant réquisition de mise aux enchères par le créancier surenchérisseur ou par son fondé de procuration expresse; lequel est tenu de donner copie de sa procuration (art. 2185).

Cette signature est nécessaire, car le créancier surenchérisseur contracte un engagement personnel.

5° Offre de fournir caution jusqu'à concurrence du prix et des charges (art. 2185).

Cette mesure est prise pour empêcher et prévenir la vente à la folle enchère.

L'art. 832 du Code de procédure règle la manière dont cette caution pourra être fournie.

6° Dénonciation dans les affiches du prix stipulé dans le contrat.

L'acte de réquisition de mise aux enchères contiendra, avec l'offre et l'indication de la caution, assignation à trois jours devant le tribunal pour la réception de cette caution, à laquelle il sera procédé comme en matière sommaire. Cette assignation sera notifiée au domicile de l'avoué constitué; il sera donné copie, en même temps, de l'acte de soumission de la caution et du dépôt au greffe des titres qui constatent la solvabilité.

Dans le cas où le surenchérisseur donnerait un nantissement en argent ou en rentes sur l'État, conformément à l'art. 2041 du Code Nap., il fera notifier avec son assignation copie de l'acte constatant la réalisation de ce nantissement (art. 832 du Code de procédure civ.).

Si la caution est rejetée, la surenchère sera déclarée nulle, et l'acquéreur maintenu, à moins qu'il n'ait été fait d'autres surenchères par d'autres créanciers (832, C. de proc.).

Tout surenchérisseur doit donc donner caution, excepté le Trésor, qui en a été exempté par la loi du 21 février 1827 : *Fiscus est semper solvendo*. Jusqu'à cette époque, le Trésor avait vainement cherché à se faire dispenser de donner caution : la Cour suprême avait toujours résisté à ses efforts.

La solvabilité de la caution doit consister en immeubles. Si le surenchérisseur ne peut pas trouver de caution, il est admis à fournir un gage mobilier en argent ou en rentes sur l'État ; c'est là un nantissement, mais le surenchérisseur ne serait pas admis à donner hypothèque sur ses propres biens.

La caution dont il s'agit est légale, quoiqu'elle doive être acceptée par justice ; elle n'a donc pas besoin d'être susceptible de contrainte par corps.

Les cinq formalités exigées par l'art. 2185 du Code Nap. doivent être observées à peine de nullité ; mais cette nullité doit être proposée avant le jugement qui statuera sur la réception de la caution.

Toutefois le créancier dont la surenchère a été annulée n'empêche pas les autres créanciers de requérir de nouveau la mise aux enchères, pourvu qu'ils se trouvent encore dans le délai fixé par l'art. 2185.

La réquisition de mise aux enchères faite valablement par l'un des créanciers devient commune aux autres ; il en résulte que les effets de la surenchère ne peuvent être arrêtés par l'offre du tiers acquéreur de désintéresser le créancier surenchérisseur, et que ce dernier ne peut, par son désistement, même accompagné de l'offre de payer le montant de la soumission, empêcher l'adjudication de l'immeuble, si ce n'est du consentement exprès de tous les créanciers hypothécaires (art. 2190).

SECTION III.

DES EFFETS DE LA SURENCHÈRE.

L'accomplissement des formalités de l'art. 2185 ayant eu lieu, le créancier surenchérisseur reste définitivement et irrévocablement propriétaire, si sa mise n'est pas couverte devant le tribunal.

Si un autre créancier surmise, le surenchérisseur est déchargé de plein droit.

L'acquéreur ou donataire primitif reste propriétaire de l'immeuble jusqu'au moment de l'adjudication sur surenchère, bien que la soumission du surenchérisseur l'ait délivré de l'obligation de payer le prix ; puisqu'il se trouve avoir une juste cause d'éviction, il doit et peut suspendre ses paiements.

La soumission du créancier surenchérisseur est une offre, une promesse d'acheter moyennant le prix jusqu'à concurrence duquel on élève le prix primitif; seulement si l'immeuble périt, le surenchérisseur est déchargé de sa soumission. Si l'immeuble subit avant la nouvelle adjudication une détérioration ou dégradation notable, le surenchérisseur pourra retirer ou amoindrir sa soumission.

Les créanciers inscrits peuvent seuls surenchérir; mais comme la soumission est une offre d'acheter et contient le germe d'un engagement sérieux, il faut, pour pouvoir surenchérir, être capable de s'obliger.

Le tuteur peut surenchérir, s'il y est autorisé par le conseil de famille, car la surenchère met en jeu un droit immobilier du mineur.

La femme mariée ne peut surenchérir sans son mari et sans son autorisation spéciale (217). L'autorisation générale n'est valable que pour les actes d'administration.

La réquisition de mise aux enchères n'a pas pour effet immédiat de faire passer au créancier surenchérisseur la propriété de l'immeuble qui en est l'objet; cette propriété continue à résider sur la tête du tiers détenteur, qui peut arrêter les poursuites en payant ou en consignant le montant de toutes les créances inscrites avec les frais de la surenchère.

La revente par suite de surenchère se fait dans les formes établies pour les expropriations forcées, à la diligence soit du créancier qui l'aura requise, soit du nouveau propriétaire. Le prix auquel le créancier surenchérisseur s'est engagé à faire porter l'immeuble, sert de première mise aux enchères.

Cependant la procédure tout entière pour expropriation forcée ne sera pas applicable. Il ne faudra ni commandement, ni dénonciation. Le poursuivant devra seulement commencer par l'apposition des affiches, qui contiendront : 1° le prix stipulé dans le contrat ou déclaré, et la somme en sus à laquelle le créancier s'est obligé de la porter ou faire porter (art. 2187).

2° Les formalités prescrites dans les art. 682 et 684 du Code de procédure civile.

3° L'indication du jour de première publication, qui ne peut avoir lieu qu'une quinzaine après cette apposition (art. 836 du Code de procédure).

L'apposition des placards est constatée conformément aux art. 996 et 998 du Code de procédure, et le procès-verbal est notifié au nouveau propriétaire, si c'est le créancier qui poursuit ; au créancier surenchérisseur, si c'est l'acquéreur (art. 837 du Code de procédure).

Dans la revente sur surenchère, le contrat d'aliénation tient lieu de cahier des charges. Ce contrat doit être déposé au greffe par l'acquéreur, non-seulement pour être consulté, mais pour servir de minute.

Les placards doivent être apposés quinze jours au moins et trente jours au plus avant l'adjudication à la porte du domicile de l'ancien propriétaire et dans tous les lieux désignés par l'art. 699 du Code de procédure civile (836).

Le jugement d'adjudication par lequel se consomme la revente ne doit pas, quant à ses effets, être assimilé à un jugement d'adjudication sur expropriation forcée. Ainsi, par exemple, il n'éteint pas, de plein droit, les hypothèques légales dispensées d'inscription, qui n'auraient pas été inscrites antérieurement; il n'admet pas non plus la surenchère du sixième, dont parle l'art. 708 du Code de procédure.

Si le bien est vendu à un autre que l'acquéreur ou le donataire, l'adjudicataire est tenu, au delà du prix de son adjudication, de restituer à l'acquéreur ou donataire dépossédé les frais et loyaux coûts de son contrat, ceux de la transcription sur les registres du conservateur, ceux de notification, ceux faits par lui pour parvenir à la revente (2188).

Quant aux impenses et améliorations que l'acquéreur aurait faites sur la chose, il rentre dans le droit commun que l'adjudicataire les paie.

L'acquéreur ou le donataire qui conserve l'immeuble mis aux enchères, en se rendant dernier enchérisseur, n'est pas tenu de faire transcrire le jugement d'adjudication (art. 2189). La première transcription suffit.

L'acquéreur qui se sera rendu adjudicataire aura son recours, tel que de droit, contre le vendeur pour le remboursement de ce qui excède le prix stipulé par son titre, et pour l'intérêt de cet excédant à compter du jour de chaque paiement (art. 2191).

Si l'acquéreur ne s'était pas rendu adjudicataire, mais qu'il soit dépossédé, le vendeur serait obligé de lui garantir tous les torts que l'éviction lui aurait fait éprouver, mais l'indemnité serait réglée d'une autre manière.

Lorsque l'acquéreur s'est rendu adjudicataire, la mesure exacte de l'indemnité due par le vendeur est la différence qui existe entre le prix de la vente volontaire et celui de l'adjudication; et lorsque l'adjudication a eu lieu en faveur d'un autre que l'acquéreur, il faut établir le calcul de l'indemnité, qui lui est due, sur la différence entre la valeur réelle du fonds à l'époque de l'éviction et le prix stipulé dans la vente. Le prix de l'adjudication ne peut plus servir de point de comparaison ; car s'il se trouvait inférieur à la valeur réelle, l'acquéreur ne pourrait être privé de cet excédant de valeur, et s'il était supérieur, la raison, au contraire, ne souffrirait pas que le vendeur pût être obligé de payer à l'acquéreur une somme plus forte que la valeur réelle de l'immeuble dont il a été dépouillé.

Au contraire, lorsqu'un tiers se rend adjudicataire par suite de la surenchère, l'aliénation primitive est à considérer, en ce qui concerne le droit de propriété de l'acquéreur évincé, comme résolue *ex tunc*. Les hypothèques, consenties par ce dernier, sont donc comme non avenues, et ne peuvent pas même être exercées sur l'excédant du prix de la surenchère, après le paiement de tous les créanciers inscrits sur les précédents propriétaires.

SECTION IV.

DÉFAUT DE SURENCHÈRE.

A défaut par les créanciers d'avoir requis la mise aux enchères dans le délai et dans les formes prescrites, la valeur de l'immeuble demeure définitivement fixée au prix stipulé dans le contrat ou déclaré par le nouveau propriétaire, lequel est, en conséquence, libéré de tout privilége et hypothèque, en payant ledit prix aux créanciers qui seront en ordre de le recevoir ou en le consignant (2186).

Le projet de cet article ne contenait pas ces mots qui le terminent, *ou en le consignant* ; ils y furent ajoutés sur l'observation que l'on fit que si l'acquéreur était obligé d'attendre la confection de l'ordre, sa libération pourrait être bien retardée.

Le défaut de surenchère dans les délais déterminés produit donc deux effets :

1° La valeur de l'immeuble reste fixée définitivement à la somme qui forme le prix de vente ou le montant de l'évaluation de l'immeuble.

Toutefois les créanciers pourront toujours jouir de l'action paulienne et attaquer la vente en simulation de prix.

2° L'immeuble se trouve purgé à condition que le tiers détenteur paye son prix aux créanciers en ordre utile et, en cas de refus de ceux-ci, qu'il consigne le prix à la caisse des dépôts et consignations.

On ne peut ouvrir d'ordre qu'autant qu'il y a plus de trois créanciers inscrits (art. 775 du C. de proc.). S'il n'y a que trois créanciers ou moins, la collocation se fait par jugement; car lorsqu'ils sont en si petit nombre, il est facile de faire régler leur rang à l'audience, sans avoir recours à une procédure particulière.

Comme les formalités de l'ordre sont longues, le tiers acquéreur peut, pour arrêter le cours des intérêts, consigner son prix, et ce quand les créanciers l'exigent.

Quant à la procédure de la consignation, il n'est pas besoin de remplir les formalités de l'art. 1259 du Code Napoléon : il suffit, après avoir consigné, de notifier le dépôt aux intéressés (art. 687 du C. de proc.).

Le tiers détenteur peut même consigner son prix, quand les hypothèques inscrites ont pour objet des rentes viagères. Ce sera au juge-commissaire à décider si on remboursera le capital, ou si on laissera à la caisse des dépôts et consignations une somme telle que les intérêts équivalent aux arrérages de la rente viagère.

SECTION V.

DU MODE DE PURGER LES HYPOTHÈQUES QUAND IL N'EXISTE PAS D'INSCRIPTION SUR LES BIENS DES MARIS ET DES TUTEURS.

En règle générale, les hypothèques légales des femmes, des mineurs et des interdits doivent se trouver inscrites, comme les autres hypothèques, sur les registres de la conservation, ainsi qu'il est prescrit par l'art. 2136. Dans ce cas, l'acquéreur, qui voudra acquitter et purger l'immeuble par lui acquis, remplira, à l'égard de la femme mariée, du mineur et de l'interdit, les formalités de la transcription et de la notification. Mais il ne pourra payer valablement qu'autant que les droits des femmes et des mineurs seront ouverts.

Les hypothèques légales forment un grand embarras dans notre système hypothécaire. La loi de brumaire, pour mettre plus d'uniformité dans son plan, avait pris le parti de les mettre à peu près au niveau des autres. Mais il y avait justice à conserver les hypothèques légales, et l'on a voulu, autant que possible, concilier l'intérêt des femmes et des mineurs avec celui des maris et des tuteurs, et des tiers même, qui par l'omission de l'inscription des hypothèques, auraient pu être trompés, car cette omission ne fait pas perdre ces hypothèques (art. 2135). Aussi les acquéreurs devront-ils agir avec prudence et commencer par bien connaître la position de ceux avec lesquels ils veulent traiter.

Les acquéreurs pourront purger les hypothèques dont les biens par eux acquis peuvent être affectés, en remplissant les formalités suivantes :

1° Déposer au greffe du tribunal civil du lieu de la situation de l'immeuble, qu'ils veulent purger, une copie dûment collationnée de l'acte d'acquisition. Ce dépôt est constaté au moyen d'un acte dressé par le greffier du tribunal.

2° Notifier tant à la femme ou au subrogé tuteur qu'au procureur de la République l'acte de dépôt dressé par le greffier.

Mais si le domicile actuel du subrogé tuteur, de la femme ou de ses représentants, n'est pas connu de l'acquéreur, il sera nécessaire et il suffira, pour remplacer la signification qui doit leur être faite aux termes de l'art. 2194 du Code Nap., en premier lieu, que dans la signification à faire au procureur de la République, l'acquéreur déclare que ceux du chef desquels il pourrait être formé des inscriptions pour raison d'hypothèques légales existantes indépendamment de l'inscription, n'étant pas connus, il fera publier la susdite signification dans les formes prescrites par l'art. 683 du Code de procédure civile; en second lieu, que le susdit acquéreur fasse publication dans lesdites formes de l'art. 683 du Code de procédure civile, ou que, s'il n'y avait pas de journal dans le département, l'acquéreur se fasse délivrer par le procureur de la République un certificat qu'il n'en existe pas.

3° Que le délai de deux mois fixé par l'art. 2174 du Code Nap., pour prendre inscription du chef des femmes et des mineurs interdits, ne devra courir que du jour de la publication faite aux termes du susdit art. 683 du Code de procédure civile, ou du jour de la délivrance du certificat du procureur de la République portant qu'il n'existe pas de journal dans le département, principes reconnus par des avis du Conseil d'État du 9 mai 1807, approuvés le 1er juin.

3° Un extrait de l'acte d'acquisition, contenant sa date, les noms, prénoms, professions et domiciles des contractants, la désignation de la nature et de la situation des biens, le prix et les autres charges de la vente, sera et restera affiché, pendant deux mois, dans l'auditoire du tribunal, pendant lequel temps les maris, tuteurs et subrogés tuteurs, mineurs, interdits, parents et amis, et le procureur de la République seront reçus à requérir, s'il y a lieu, à faire faire au bureau du conservateur des hypothèques des inscriptions sur l'immeuble aliéné qui auront le même effet que si elles avaient été prises le jour du contrat de mariage ou le jour de l'entrée en gestion du tuteur, sans préjudice des poursuites qui pourraient avoir lieu contre les maris et les tuteurs, pour hypothèques consenties au profit de tierce personne, sans leur avoir déclaré que les immeubles étaient déjà grevés d'hypothèques en raison du mariage ou de la tutelle (art. 2194).

La notification dont parle cet article doit être faite à la femme et non au mari; les intérêts des époux se trouvant en opposition, le mari pourrait ne pas vouloir prendre d'inscription. Cependant, d'après l'art. 68 du Code de procédure, la signification peut être faite à la femme en parlant à son mari, malgré les dangers de ce mode de notification.

Dans le cours des deux mois de l'exposition du contrat, les personnes indiquées par l'art. 2136 et suivants peuvent prendre inscription sur les immeubles aliénés par les maris ou tuteurs, pour la conservation des hypothèques des femmes ou des pupilles, et cette inscription aura le même effet que si elle avait été prise le jour du contrat de mariage ou le jour de l'entrée en gestion du tuteur ; de sorte que si elles sont les plus anciennes, l'acquéreur ne pourra faire aucun paiement du prix, au préjudice de ladite inscription, et celles des créanciers qui ne viendront pas en ordre utile, seront rayées (2195).

Par exemple, le mari doit 40,000 francs à sa femme et 20,000 francs à des créanciers postérieurs à son mariage. Il vend ses immeubles au prix de 50,000 francs ; l'acquéreur gardera les 40,000 francs dus à la femme, il paiera 10,000 francs aux créanciers qui viennent immédiatement après elle, et les inscriptions des créanciers postérieurs à ceux-là seront rayées.

Si, au contraire, les inscriptions des femmes, des pupilles ou des interdits, qui ont toujours la date du contrat de mariage, ou de l'entrée en gestion du tuteur, ne sont pas les plus anciennes, mais qu'il y ait des créanciers qui leur soient antérieurs, et qui absorbent le prix de la vente en totalité ou en partie, l'acquéreur est libéré du prix ou de la portion du prix par lui payée aux créanciers placés en ordre utile et les inscriptions des femmes ou des pupilles seront rayées ou en totalité ou jusqu'à due concurrence (2195).

Si, dans le cours des deux mois de l'exposition du contrat, il n'a pas été fait d'inscription du chef des femmes, des mineurs ou des interdits, sur les immeubles vendus, ou s'il en a été fait, mais qu'elles aient été déclarées nulles *(quod nullum est, nullum producit effectum)*, ces immeubles passent à l'acquéreur, sans aucune charge, à raison des prétentions des femmes ou des mineurs, sauf leur recours, s'il y a lieu, contre les maris ou tuteurs (2195).

SECTION VI.

DES CONSERVATEURS DES HYPOTHÈQUES, DE LA PUBLICITÉ DE LEURS REGISTRES, DE LEUR RESPONSABILITÉ.

Les conservateurs des hypothèques sont des fonctionnaires publics, spécialement établis pour tenir les registres destinés à l'inscription des priviléges et des hypothèques.

L'édit de juin 1771 créa les conservateurs dans chaque baillage et sénéchaussée, pour recevoir les oppositions des créanciers qui prétendaient droit d'hypothèques ou priviléges sur les immeubles de leurs débiteurs.

A ces conservateurs ont succédé d'abord ceux établis par la loi de messidor an III, qui n'ont eu qu'une existence incertaine à raison de la suspension de l'exécution de cette loi et qui ont été remplacés par les conservateurs établis par la loi du 21 ventôse an VII.

Cette loi, relative à l'organisation de la conservation des hypothèques, renferme vingt-huit articles qui, aujourd'hui encore, sont applicables à cette institution.

Il existe un conservateur au chef-lieu de chaque arrondissement communal ; sa compétence s'applique à tous les immeubles situés dans l'arrondissement, sans jamais pouvoir s'étendre au delà.

Les conservateurs des hypothèques ne sont que des officiers de police judiciaire, et ne jouissent d'aucune juridiction ; la sûreté des transactions civiles repose complètement sur eux, l'importance de leur choix est très-grande, et l'administration ne doit confier ces fonctions qu'à des préposés capables de remplir exactement leurs devoirs envers le public, les tribunaux et l'administration.

Leurs obligations sont :

1° De tenir un registre particulier, sur lequel ils inscrivent, jour par jour, et par ordre numérique, les remises qui leur sont faites d'actes de mutation pour être transcrits, ou de bordereaux pour être inscrits (2200).

2º De donner au requérant une reconnaissance sur papier timbré, qui rappellera le numéro du registre sur lequel la remise aura été inscrite, et les conservateurs ne peuvent transcrire les actes de mutation, inscrire les bordereaux sur les registres à ce destinés, qu'à la date et dans l'ordre des remises qui leur en auront été faites (2200).

Les conservateurs ne peuvent refuser ni retarder la transcription des droits de mutation, l'inscription des droits hypothécaires, ni la délivrance des certificats requis, sous peine des dommages et intérêts des parties.

Le conservateur, n'étant pas juge de la valeur des bordereaux, ne pourrait refuser d'accepter ceux qui seraient nuls dans leur contexture, comme s'ils ne désignaient pas la nature et la situation des biens.

Les conservateurs doivent tenir leurs bureaux fermés pour tout le monde et s'interdire tout acte de leurs fonctions, les dimanches et jours de fêtes reconnues. Cependant la transcription ou l'inscription qui auraient été faites un jour férié ne seraient pas nulles pour cela.

3º De faire effectuer, sous les conditions déterminées par la loi, la réduction ou la radiation des inscriptions (art. 2157 et suiv.).

4º De délivrer à tous ceux qui le requièrent, sans qu'ils justifient d'un intérêt légal, copie des actes transcrits sur leurs registres, et celle des inscriptions existantes et certificat qu'il n'en existe aucune (2196).

Le conservateur, qui vend un immeuble à lui appartenant, ne peut pas délivrer de certificat attestant qu'il n'existe pas d'inscriptions sur cet immeuble; dans ce cas, comme dans tous les cas d'empêchement, le conservateur est suppléé par le vérificateur ou l'inspecteur de l'enregistrement, et, à leur défaut, par le plus ancien surnuméraire du bureau.

5º D'avoir tous les registres sur papier timbré, cotés et paraphés à chaque page, par première et dernière, par l'un des juges du tribunal et dans le ressort duquel le bureau est établi. Ces registres doivent être arrêtés chaque jour comme ceux d'enregistrement des actes (2201).

Si, en contravention à cet article, un conservateur avait tenu ses registres sur papier libre, ses opérations ne seraient pas nulles, mais il encourrait personnellement une amende.

En rendant les conservateurs responsables de leurs faits, le législateur a voulu que l'intérêt personnel les obligeât d'apporter à leur travail la même vigilance que pour leurs propres affaires, et que le Trésor public fût affranchi de toute garantie qui pourrait résulter de l'inexactitude ou de l'erreur; mais cette responsabilité ne les place pas dans une classe d'agents particuliers et indépendants : ils exercent au nom de l'administration et opèrent d'après ses instructions.

Les mentions de dépôt, les inscriptions et les transcriptions doivent être faites sur les registres, de suite, sans aucun blanc ni interligne, à peine, contre le conservateur, de mille à deux mille francs d'amende pour la première contravention, et de destitution pour la seconde, sans préjudice des dommages et intérêts des parties, lesquels seront payés avant l'amende.

Cependant les conservateurs ne sont responsables que jusqu'à concurrence de ce que la faute qu'ils ont commise fait perdre au créancier; si donc le créancier, en supposant l'inscription valable, ne fût point encore venu en ordre utile, ou ne fût venu que pour une partie de sa créance, il n'aura point d'action contre le conservateur dans le premier cas; et dans le second, il n'aura d'action que jusqu'à concurrence de la somme qu'il aurait touchée par l'effet de sa collocation.

Les conservateurs sont encore responsables :

1º De l'émission, sur leurs registres, des transcriptions d'actes de mutation et des inscriptions requises en leurs bureaux;

2º Du défaut de mention, dans leurs certificats, d'une ou de plusieurs des inscriptions existantes, à moins, dans ce dernier cas, que l'erreur ne provînt de désignations insuffisantes, qui ne pourraient lui être imputées.

Un avis du conseil d'État du 11 décembre 1810, approuvé le 26 décembre, indique la manière dont les conservateurs peuvent rectifier les erreurs ou irrégularités commises sur leurs registres.

C'est de porter sur leurs registres, et seulement à la date courante, une nouvelle inscription ou une seconde transcription, conforme aux actes et aux bordereaux. En même temps, pour obvier à tout double emploi, la seconde inscription ou transcription doit être accompagnée d'une note relative à celle qu'elle a pour but de rectifier, et il doit être donné aux parties requérantes extrait tant de la première que de la seconde inscription ou transcription.

L'immeuble à l'égard duquel le conservateur aurait omis dans ses certificats une ou plusieurs charges inscrites, en demeure, sauf la responsabilité du conservateur, affranchi dans les mains du nouveau possesseur. On donne la préférence à l'acquéreur sur le créancier, car on veut que celui qui a rempli toutes les formalités voulues par la loi soit assuré, même au préjudice des créanciers, et quoiqu'il n'y ait aucune négligence à imputer à ceux-ci, de la possession libre et tranquille du bien qu'il a acquis. Mais il faut que le nouveau possesseur ait requis le certificat quinze jours au moins après la transcription de son titre. L'art. 2198 dit simplement depuis la transcription de son titre; mais comme, aux termes de l'art. 834 du Code de procédure, on peut s'inscrire pendant la quinzaine qui suit la transcription, pourvu que le titre constitutif de l'hypothèque soit antérieur à l'aliénation, il est plus exact de dire quinze jours au moins après la transcription.

Les créanciers pourront toujours se faire colloquer suivant l'ordre qui leur appartient, tant que le prix n'a pas été payé par l'acquéreur, ou tant que l'ordre fait entre les créanciers n'a pas été homologué.

«Les devoirs imposés aux conservateurs des hypothèques sont très-pé-
«nibles, comme le dit M. Grenier, et les suites en seraient très-souvent
«funestes pour eux, si on n'apportait un juste tempérament dans
«l'application des lois et des règlements qui les concernent.»

D'après la loi du 21 ventôse an VII, les conservateurs doivent fournir un cautionnement en immeubles. Son objet est exclusivement affecté à la responsabilité des conservateurs pour les erreurs et omissions dont la loi les rend responsables envers les citoyens.

Cette affectation produit ses effets pendant toute la durée de leurs fonctions et dix ans après; passé lequel délai, les biens servant de cautionnement seront affranchis de plein droit de toutes actions de recours qui n'auraient point été intentées dans cet intervalle.

La durée du cautionnement et celle de la responsabilité sont relatives; ainsi le conservateur doit un cautionnement pendant tout le temps qu'il est responsable, et lorsqu'il ne doit plus de cautionnement, il cesse d'être responsable.

Le cautionnement est reçu par le tribunal civil de la situation des biens.

CHAPITRE IV.

De la prescription.

Le dernier mode d'extinction cité par l'art. 2180 pour les priviléges et les hypothèques est la prescription.

Pour juger comment l'hypothèque peut se prescrire, il faut distinguer deux cas. Ou le débiteur a encore entre les mains l'immeuble qu'il prétend libéré par la prescription; ou la propriété de l'immeuble est passée entre les mains d'un tiers, qui n'est pas personnellement obligé à la dette, et qui prétend avoir usucapé la franchise de l'immeuble.

Le législateur a exprimé, dans ce dernier cas, d'une manière formelle que l'hypothèque est éteinte par la prescription de l'action à laquelle elle est attachée.

Avant Justinien, il n'y avait jamais de prescription au profit du débiteur ou de ses héritiers; cet empereur, par la loi *cum notissimi*, statua que l'action hypothécaire s'éteindrait par quarante ans, *ne possessores hujus modi prope immortali timore teneantur*.

De là une singulière bizarrerie se trouvait dans le Droit romain ; car tandis que l'action principale et personnelle s'éteignait par trente ans, l'obligation accessoire et hypothécaire ne s'éteignait que par quarante ans.

Dans l'ancien Droit français, la loi *cum notissimi* était en vigueur, quoique plusieurs jurisconsultes se fussent élevés avec force contre cette constitution. Le parlement de Toulouse est le seul qui ait décidé que l'action hypothécaire ne devait pas subsister plus de trente ans.

D'après l'art. 2180, deux cas sont admis : dans le premier, le débiteur ou ses héritiers ne peuvent prescrire l'hypothèque contre leur créancier qu'en prescrivant l'action qui donne l'hypothèque, de sorte que, si, dans le cas de l'art. 2262, il faut trente ans de silence de la part du créancier pour que le débiteur puisse prescrire sa dette, il faudra de même un silence de trente ans pour qu'il puisse prescrire l'hypothèque qui grève les immeubles chargés de l'acquittement de cette dette. Ou si, dans le cas de l'art. 475, toute action du mineur contre son tuteur se prescrit par dix ans à courir de sa majorité, il faudra de même dix années pour prescrire l'hypothèque légale qui pèse sur les propriétés du tuteur.

Dans le second cas de l'art. 2180, la loi n'a pas entendu subordonner la prescription de l'hypothèque à celle de la propriété; car la propriété appartient au tiers acquéreur, et l'hypothèque au créancier; elle a voulu seulement que ces deux sortes de prescriptions fussent soumises, sous le rapport de leur durée, au même laps de temps.

Ainsi, la loi veut qu'à l'exemple du droit de propriété, le droit hypothécaire se prescrive par trente ans, lorsqu'il n'y a pas de titre ou que le titre est vicieux, et par dix ans entre présents, et vingt ans entre absents, lorsque le possesseur a juste titre et bonne foi.

Cependant le possesseur usucaperait la franchise de l'immeuble par moins de dix ans dans le cas de l'art. 559. Le propriétaire d'un champ riverain a un an pour réclamer sa propriété sur une partie considérable et reconnaissable qu'un fleuve ou une rivière lui a enlevée.

Mais il faut admettre que ce n'est pas une déchéance, mais une prescription.

Ce sera au créancier à administrer la preuve que le tiers est de mauvaise foi, la bonne foi se présumant jusqu'à preuve du contraire (art. 2268).

Il devra aussi prouver que la mauvaise foi existait au commencement de l'acquisition (2269).

Mais le délai de dix à vingt ans ne commence à courir qu'à partir de la transcription (2180.)

La transcription est requise, non pas parce qu'elle se lie à la transmission de la propriété entre les mains du propriétaire, mais parce qu'elle avertit le créancier de se garer contre l'usucapion ; l'immeuble ayant changé de maître, il n'a pas souvent d'autre moyen de s'en assurer.

La prescription ne s'interrompt pas par les inscriptions prises par les créanciers, il faut une citation en justice, un commandement ou une saisie, signifiés à celui qui veut prescrire (2244).

A l'égard du tiers acquéreur, la prescription s'interrompt par la sommation de délaisser ou de purger.

CHAPITRE V.

Causes d'extinction non renfermées dans l'art. 2180.

Aux causes d'extinction que nous venons de traiter, il convient d'ajouter :

1° La perte totale ou la mise hors du commerce de la chose grevée de privilége ou d'hypothèque.

2° La résolution *ex tunc* du droit de propriété, ou l'éviction de celui du chef duquel procédait le privilége ou l'hypothèque (2125); on ne peut, en effet, transmettre à d'autres plus de droits qu'on n'en a. Le débiteur qui n'avait qu'une propriété révocable ou résoluble, n'a pu transmettre à son créancier que ces droits.

Les priviléges et les hypothèques sur les immeubles en particulier s'éteignent (Zachariæ, t. II, p. 230) :

Par le défaut d'inscription dans les délits prescrits.

Par la réduction prononcée en justice.

Par la cession volontaire ou l'expropriation pour cause d'utilité publique de l'immeuble grevé, sauf aux créanciers à poursuivre le réglement et le paiement de l'indemnité due en pareil cas.

Par l'omission, dans le certificat remis par l'acquéreur après la transcription de son acte d'acquisition, de l'inscription nécessaire à l'efficacité du privilége ou de l'hypothèque.

Enfin, par la déchéance résultant soit du défaut de production, soit d'une collocation inutile dans l'ordre ouvert pour la distribution du prix de l'immeuble hypothéqué (C. de proc., art. 759, 773 et 774). Ce mode d'extinction laisse cependant subsister, à certains égards, le droit de préférence.

JUS ROMANUM.

Quibus modis pignus vel hypotheca solvitur.

(Dig. XX, tit. 6).

Variis modis extinguitur pignus:
1° Debiti principalis extinctione;
2° Juris amissione, quod apud pignoris auctorem erat;
3° Rei pignori suppositæ interitu;
4° Præscriptione;
5° Remissione pignoris.

I. Ex priori causa pignus perimitur tanquam obligationis accessio; sublato autem debito principali, neque pignus, tanquam accessorium consistere potest.

In omnibus speciebus liberationum etiam accessiones liberantur; puta adpromissores, hypothecæ, pignora (L. 43, D. de sol. XLVI, 3).

Principalis causa, quæ in animum occurrit, est solutio, sed oportet solutionem totius debiti; nam si minima pars debiti superesset, totum pignus adhuc obligatum maneret.

Gordianus ait: Quamdiu non est integra pecunia creditori numerata, etiamsi pro parte majore eam consecutus sit, distrahendi rem obligatam non amittit facultatem (C. 6, C. de distr. pig. VIII, 28).

Ergo, qui pro parte hæres extitit: nisi totum debitum exsolvat, suam portionem ex pignoribus recipere non potest (C. 1, C. de luit. pig. VIII, 21).

Manifesti, et indubitati juris est, defuncto creditore, multis relictis hæredibus, actionem quidem personalem inter eos lege duodecim Tabularum dividi, pignus vero in solidum unicuique teneri (C. 1, C. VIII, 22).

Actio quidem personalis inter hæredes pro singulis portionibus quæsita scinditur: pignoris autem jure multis obligatis rebus, quas diversi possident; cum ejus vindicatio non personam obliget, tenentes non pro modo singularum rerum substantiæ conveniuntur sed in solidum: et vel totum debitum reddant, vel eo, quod detinent cedant (C. 32, C. VIII, 22).

Hinc intelligendum, vincula pignoris durare personali actione submota.

Pignus extinguitur, si quod debetur creditori solvatur, debitore ipso, aut procuratore ejus, aut negotiorum gestore, aliove tertio quodam. Ex. gr. absentis quidam negotia gessit et pignora citra emptionem pecunia sua liberavit, jus pristinum domino restitutum videtur. Igitur qui negotium gessit, utilem servianam dari sibi non recte desiderabit: si tamen possideat, exceptione defenditur (L. 1, pr. D. XX, 6.

Pariter obsignatione totius debiti extinguitur pignus. Hinc Diocletianus et Maximianus rescribunt: debitores præsentes prius denuntiationibus conveniendi sunt. Igitur, si conventi debito satis non fecerint, persequenti tibi pignora seu hypothecas, quas instrumento specialiter comprehensas esse dicis, competentibus actionibus, rector provinciæ auctoritatis suæ auxilium impertire non dubitabit (C. 10, C. VIII, 14).

Novatione, confusione, et aliis modis extinguendi debiti, quoque pignus extinguitur: novatione legitime facta, liberantur hypothecæ et pignus (L. 18, D. XLVI, 2).

Cum non ipso jure sed per exceptionem infirmatur obligatio principalis, simili modo infirmatur pignus.

Unde Marcianus: Solvitur hypotheca, et si ab ea discedatur aut paciscatur creditor, ne pecuniam petat: nisi si quis dicat pactum interpositum esse, ut a persona non petatur. Et quid, si hoc actum sit, cum forte alius hypothecam possidebit?. Sed cum pactum conventum exceptionem perpetuam pariat, eadem et in hoc casu possunt dici, ut ea ab hypotheca discedatur (L. 6, D. XX, 5).

II. Pignus extinguitur juris amissione quod apud pignoris auctorem erat, eaque talis quæ etiam onera rei imposita perimat. Nam extincto jure, quod debitor in re oppignorata habet, tunc pignus perit. Exempli gratia, si ususfructuarius usumfructum amittat; vel mille tibi promitto, ea tamen lege, te mihi restiturum; si navis ex Asia venerit, pignusque ut te certiorem faciam concedo, adveniente nave, solvuntur jus et hypothecæ.

Pariter Papianus : per injuriam victus apud judicium, rem quam petierat, postea pignori obligavit : non plus habere creditor potest, quam habet, qui pignus dedit (L. 3, § 1, D. XX, 1).

Si debitor constituens pignus non habeat plenum et irrevocabile dominium, tunc adhuc perit pignus. Marcellus (lib. 5 Digestorum) scribit : Pure vendito, et in diem fundo addicto, si melior conditio allata sit, rem pignori esse desinere, si emptor eum fundum pignori dedisset. Ex quo colligitur, quod emptor medio tempore dominus esset : alioquin nec pignus teneret (L. 4, § 3, D. XVIII, 2).

Creditor tamen jus suum retinere salvum potest, si debitor fecit deteriorem creditoris conditionem; tunc creditor pignus persequitur, si obligatam rem probare potest.

Hinc Diocletianus et Maximianus : Si debitor rem tibi jure pignoris obligatam, te non consentiente, distraxit, dominium cum sua causa transtulit ad emptorem (C. 12, C. VIII, 28).

Nemo enim plus juris ad alium transferre potest quam ipse habet. (L. 54, D. L. 17).

III. Solvitur pignus rei pignori suppositæ interitu. Pignus enim est accessorium, quod, sublato principali, subsistere nequit; quod tamen intelligendum de vero et totius substantiæ interitu : si enim pars adhuc supersit, in ea pignus durat. Sicut re corporali extincta ita et usufructu extincto pignus hypothecave perit (L. 8, pr., D. XX, 6).

Immobilis rei formam esse mutatam, nihil nocet pignoris causa. Si res hypothecæ data, postea mutata fuerit, æque hypothecaria actio competit : veluti de domo data hypothecæ et horto facta. Item si de loco convenit et domus facta sit. Item de loco dato, deinde vineis in eo positis (L. 16, § 2, D. XX, 1).

Domus pignori data exusta est, eamque aream emit Lucius tutius et extruxit. Quæsitum est, de jure pignoris? Paulus respondit : Pignoris persecutionem perseverare, et ideo jus soli superficiem secutam videri, id est, cum jure pignoris. Sed bona fide possessores non aliter cogendos creditoribus ædificium restituere, quam sumptus in exstructione erogatos, quatenus pretiosior res facta est, reciperent.

Sed nova species ex pigneratis rebus facta, quæ pignoris loco essent, in jure constituendo cautum sit.

Si quis caverit, ut silva sibi pignori esset, navem ex ea materia factam, non esse pignoris, Cassius ait : quia aliud sit materia, aliud navis, et ideo nominatim in dando pignore adjiciendum esse ait, quæque ex silva facta naiave sint (L. 18, § 3, D. XIII, 7).

IV. Pignus extinguitur præscriptione, sed cum ea quæ ipsius rei dominium efficiat. Longissimi temporis præscriptio ea vocatur, quæ aut triginta annorum aut longiori etiam spatio absolvitur. Debitor possidens post quadraginta annorum spatium excludit hypothecariam actionem.

Cum notissimi juris sit, actionem hypothecariam in extraneos quidem suppositæ ei detentores annorum triginta finiri spatiis, si non interruptum erit silentium, ut lege, cautum est, id est, etiam per solam conventionem, aut si ætas impubes excipienda monstretur, in ipsos vero debitores, aut heredes eorum primos vel ulteriores nullis expirare lustrorum cursibus : nostræ provisionis esse perspeximus, hoc quoque emendare, ne possessores hujusmodi prope immortali timore teneantur. (C. 7, pr. C. VII, 39).

Adversus creditorem præscriptio juste opponitur et hæc præscriptio creditoribus pignus persequentibus inefficacem actionem constituit. Sed solæ res corporales usucapi possunt.

Et Diocletianus et Maximianus rescribunt : Si debitori hæres non extitisti, sed justa viginti annorum possessione collata in te corroborata est, neque personali actione, quia debitori non successisti, convenire te juris ratio permittit : neque data pignori prædia post intervallum longi temporis tibi auferenda sunt : quando etiam præsentibus creditoribus decem annorum præscriptionem opponi posse, tam rescriptis nostris, quam priorum principum statutis probatum sit (C. 2, C. VII, 36).

Ergo debitor possidens, non nisi post quadraginta annorum spatium excludit hypothecariam actionem, atque eodem jure, et etiam dum vivit debitor, eodem jure utitur creditor qui infirmiori jure rem possidet, sed post debitoris mortem triginta annorum silentio ad excludendam hypothecariam actionem sufficiunt.

V. Per pignoris remissionem, expressam vel tacitam extinguitur pignus.

Si creditor rem oppignoratam reddiderit simpliciter tunc debitum principale, non remissum censetur. Hinc Modestinus : Postquam pignus vero debitori reddatur, si pecunia soluta non fuerit, debitum peti posse dubium non est : nisi specialiter contrarium actum esse probatur (L. 3, D. de pactis, XI, 3).

Sed silentium creditoris non sufficit, quod sciebat jus pignoris ubique sibi durare, uti notat Marcianus : Non videtur autem consensisse creditorem, si sciente eo debitor rem vendiderit, cum ideo passus est venire, quod sciebat ubique pignus sibi durare.

Sed si subscripserit forte in tabulis emptionis consensisse videtur : nisi manifeste appareat deceptum esse. Quod observari oportet et si sine scriptis consenserit (L. 8, § 15; D. XX, 6).

Si debitor rem oppignoratam, consentiente creditore tunc jus in re liberatur, ut ait Gaïus : Creditor, qui permittit rem vacuire, pignus demittit.

Ut autem hæc alienatio pignoris liberationem affert, oportet creditorem consentientem habere liberam rerum suarum dispositionem.

Hinc pupilli furiosive non possunt remissionem facere.

Si consenserit venditioni creditor, liberatur hypotheca. Sed in his pupilli consensus non debet aliter ratus haberi, quam si præsente tutore (auctore) consenserit aut etiam ipse tutor : scilicet si commodum aliquid, vel satis ei fieri ex eo judex æstimaverit (L. 7, pr., D. XX, 6).

Si in venditione pignoris consenserit creditor, vel ut debitor hanc rem permutet, vel donet, vel in dotem det, dicendum erit, pignus liberari : nisi salva causa pignoris sui consensit (vel venditioni vel cæteris) ; nam solent multi salva causa pignoris sui consentire. Sed et si ipse vendiderit creditor, sic tamen venditionem fecit, ne discederet a pignore nisi ei satisfiat, dicendum erit, exceptionem ei non nocere (L. 4, pr., D. h. t.).

Si creditor rei oppignoratæ venditioni consentierit, eamque tamen non vendiderit debitor, jus pignoris salvum manet. Eadem dicenda si contractus non valeret, vel simulatus esset, quod præsumitur si possideat rem debitor, nisi nova causa appareat ex qua possideat.

Non effectus secutus si alienatio facta esset post tempus remissionis, ut Marcianus : Si intra annum, aut biennium consenserit creditor vendere, post hoc tempus vendendo, non aufert pignus creditori (L. 8, § 18, D. h. t.).

Totum jus pignoris perimitur si primus creditor in ulteriorem oppignorationem consentiat. Hinc Paulus respondit : Sempronium antiquiorem creditorem consentientem cum debitor eamdem rem tertio creditori obligaret, jus suum pignoris remisisse videri, non etiam tertium in locum ejus successisse : et ideo medii creditoris meliorem causam effectam (L. 12, pr., h. t.).

Pariter si ipsas pignori datas debitori restitueret creditor, non ut precario eas haberet, sed animo remittendi pignoris videtur remisisse pignus.

Demum consensus creditoris ut alteri res obligaretur, idem tacite, sufficit.

DROIT COMMERCIAL.

De la compensation des obligations résultant de la lettre de change.

Le contrat de change est un contrat commercial, parfait par le consentement, parfaitement synallagmatique, à titre onéreux et commutatif, par lequel l'une des parties s'oblige à faire payer une somme d'argent, dans un lieu déterminé, à l'autre partie ou à sa disposition, en échange d'une somme ou valeur équivalente que celle-ci fournit dans un autre lieu.

La lettre de change est un effet négociable et commercial, rédigé ordinairement dans le style d'une lettre missive, avec les formes prescrites par la loi pour l'exécution du contrat de change, et par lequel, en échange de la valeur qu'on reçoit dans un lieu, on s'oblige de faire payer, ordinairement par un tiers, à qui on en donne le mandat, une somme d'argent équivalente et déterminée, dans un autre lieu et à une époque également déterminée, à celui au nom ou à la disposition duquel cet effet est passé ou à celui qui sera à ses droits médiatement ou immédiatement.

Les différents modes d'extinction des obligations cités dans l'art. 1234 du Code Napoléon, et parmi eux la compensation, sujet de notre travail, peuvent atteindre la lettre de change.

Le Code de commerce est muet sur la compensation des obligations résultant de la lettre de change : il faut donc recourir au Code Napoléon, qui forme le droit commun. Mais le Code de commerce a ses principes, qui doivent toujours dominer ; aussi, après avoir posé les règles générales de la compensation dans un premier chapitre, nous poserons dans un second chapitre les règles spéciales à la lettre de change.

CHAPITRE PREMIER.

Principes généraux de la compensation.

L'art. 1289 dit que : lorsque deux personnes se trouvent débitrices l'une envers l'autre, il s'opère entre elles une compensation qui éteint les deux dettes.

La compensation est donc l'extinction totale ou partielle de deux obligations, qui se soldent mutuellement jusqu'à concurrence de leurs quotités respectives, à raison de la circonstance que le créancier et le débiteur de l'une se trouvent être en même temps débiteur et créancier de l'autre. L'intérêt de chaque partie est de ne pas payer plutôt que de réclamer ensuite ce qui leur est du. *Potius non solvere quam solutum repetere.*

La compensation est légale ou facultative.

La compensation légale est celle qui, moyennant le concours de certaines conditions, s'opère de plein droit et sans l'intervention des parties intéressées, à l'instant même où les deux obligations se sont trouvées exister à la fois (Zachariæ, tome II, § 325, p. 406).

Pour qu'elle puisse s'opérer, le concours de quatre conditions est nécessaire :

1° Que les deux dettes aient pour objet une somme d'argent ou une certaine quantité de choses fongibles de la même espèce ;

2° Qu'elles soient toutes deux liquides ;

3° Qu'elles soient exigibles ;

4° Que les dettes ou les créances à compenser soient dues par la même ou à la même personne qui en oppose la compensation ou à qui elle est opposée.

De ces principes il faut déduire que la compensation ne peut être assimilée complétement au paiement. On peut payer pour un autre, tandis qu'on ne peut compenser; ainsi le mandataire, assigné pour une affaire qui lui est personnelle, ne pourra compenser avec la dette qu'il aurait contractée, pour son compte, une créance appartenant au mandant.

L'art. 1294 contient une exception à cette règle. La caution peut opposer la compensation de ce que le créancier doit au débiteur principal, car la caution peut opposer toutes les exceptions réelles qu'aurait pu opposer le débiteur principal, c'est-à-dire les exceptions qui portent sur la dette elle-même. Mais le débiteur ne peut opposer la compensation de ce que le créancier doit à la caution.

Le débiteur solidaire ne peut pareillement opposer la compensation de ce que le créancier doit à son codébiteur.

Il se présente trois cas où la compensation légale n'a pas lieu :

1° Quand il s'agit de la demande en restitution d'une chose dont le propriétaire a été injustement dépouillé : *Spoliatus ante omnia restituendus.*

2° Dans le cas de la demande en restitution d'un dépôt et d'un prêt à usage.

3° Quand il est question d'une dette qui a pour cause des aliments déclarés insaisissables.

Dans certains cas où la compensation légale ne s'opère pas, il peut y avoir lieu à la compensation facultative. Alors elle s'opère soit par voie d'exception, soit par demandes reconventionnelles.

Dans le premier cas, la partie protégée par la loi refuse de jouir de son bénéfice légal.

Le second cas est une demande incidente par laquelle le défendeur tend à faire reconnaître ou liquider une créance qu'il prétend avoir contre le demandeur, afin de pouvoir ensuite la compenser avec la dette dont ce dernier réclame le paiement.

La compensation tient lieu de paiement, *compensatio est instar solutionis*; elle éteint la dette et avec elle ses garanties, caution, privilége et hypothèque.

CHAPITRE II.

Spécialités. De la compensation en matière d'effets négociables.

Les principes que nous venons d'énoncer doivent subir quelques exceptions en raison des nécessités du commerce et des règles spéciales en matière de lettres de change.

Destinée à circuler rapidement, à passer facilement de main en main, la lettre de change devait faire foi de sa valeur entière, et le tiers porteur de bonne foi ne pouvait être évincé de ses droits par le moyen d'exceptions, qui eussent été valablemement opposées soit au tireur soit à l'un des porteurs antérieurs.

On comprend que, si à chaque endossement il était nécessaire de s'enquérir des droits de son cédant, des relations plus ou moins compliquées, qui pouvaient exister entre lui et le tiré, la négociation de la lettre de change devenait à peu près impossible; des pertes de temps, des embarras sans nombre devaient résulter de pareilles recherches, qui souvent, du reste, pourraient ne pas aboutir. Le secret des opérations commerciales serait nécessairement compromis. Et d'autre part, comme il arrive souvent que le tireur ou l'un des porteurs habite dans une ville éloignée de celle du tiré, d'énormes correspondances seraient indispensables et entraîneraient nécessairement de longs délais.

Enfin la loi a voulu protéger d'une manière efficace les intérêts du tiers porteur, qui eût pu se trouver victime de collusions frauduleuses entre le tiré et l'un des porteurs. Ce principe a été si énergiquement reconnu par le Code que le paiement lui-même, lorsqu'il n'est pas suivi de la remise du titre, ne libère pas le débiteur.

Ainsi je suis porteur d'une lettre de change, je la présente au tiré qui en paie la valeur: il néglige de retirer l'effet que je conserve entre mes mains, et après ce paiement j'endosse le même effet à un autre porteur *de bonne foi*; le tiré sera contraint de payer une seconde fois à ce tiers porteur, sauf, bien entendu, son recours contre moi.

Que serait-il advenu, si le tiré avait pu opposer l'exception de paiement? Le tiers porteur se serait retourné contre moi. Mais si, dans l'intervalle, j'étais devenu insolvable ou avais pris la fuite, il aurait été dénué de toute espèce de recours, et il lui devenait impossible de répéter la somme qu'il avait indûment payée; c'est au tiré, qui avait l'obligation de retirer l'effet de la circulation, à supporter la peine de sa négligence ou de son incurie.

Ce simple exposé suffit pour faire voir combien il était urgent, dans l'intérêt des transactions et de la bonne foi du commerce, d'exiger que la lettre de change fît, par elle-même, foi de sa valeur, et que les exceptions personnelles à l'un des porteurs antérieurs ne puissent être valablement opposées au tiers porteur de bonne foi.

Ce qui vient d'être dit relativement au paiement, doit également s'appliquer à la compensation, qui est une espèce de paiement: *Compensatio solutioni æquiparatur*.

Prenons un exemple. *Primus* tire une lettre de change sur *Secundus*; elle est payable à l'ordre de *Tertius*; celui-ci la transmet par endossement à un tiers porteur: l'échéance arrive et le tiers porteur réclame le paiement. *Secundus* l'arrête en lui disant : je ne vous dois plus rien, j'étais, il est vrai, débiteur de *Tertius*, mais *Tertius* lui-même se trouve être maintenant mon débiteur : la compensation légale s'est opérée, vous n'êtes qu'un cessionnaire et, par conséquent, vous ne pouvez exercer plus de droit que votre cédant : *Nemo plus juris ad alium transferre potest quam ipse habet*. Mais le tiers porteur répliquerait qu'il n'est pas question d'appliquer ici les principes généraux du Droit civil, que la question est régie par les dispositions particulières du Code de commerce, que si *Tertius* était venu lui-même présenter l'effet à l'époque du paiement, l'exception de compensation lui eût été valablement opposée, et que la dette se serait trouvée éteinte, soit en totalité, soit jusqu'à due concurrence ; mais que *Tertius*, ayant endossé l'effet, il l'a cédé dans son entier ; que de même que le paiement, opéré par le tiré, ne l'eût pas libéré, de même la compensation ne saurait produire aucun effet.

Les principes généraux de la compensation subissent ici une notable dérogation. La compensation est considérée, vis-à-vis du tiers porteur de bonne foi, comme n'existant pas ; et sous ce rapport l'on pourrait dire que le cédant a transmis au cessionnaire des droits plus étendus que ceux qui lui appartenaient à lui-même.

Deux hypothèses doivent donc être soigneusement distinguées. Ou bien, c'est le créancier qui est lui-même débiteur du tiré qui présente l'effet au paiement, alors la compensation s'opère avec tous ses effets ; ou bien, c'est un tiers porteur, l'effet doit être acquitté dans la totalité, sauf, par le tiré, à poursuivre l'acquittement de la créance qu'il peut avoir vis-à-vis du tireur ou de l'un des porteurs antérieurs.

Jusqu'ici nous avons raisonné dans l'hypothèse d'un endossement régulier ; que décider si l'endossement était irrégulier ? On sait que cet acte ne vaut que comme procuration (138, C. comm.). La position des parties est alors modifiée, le porteur de l'effet n'est que le mandataire du signataire de l'endossement, et, par conséquent, il est obligé de subir toutes les exceptions qui eussent été opposables à son mandant. Si, par conséquent, ce mandant s'était trouvé le débiteur du tiré, la compensation aurait eu lieu. Mais les principes, énoncés précédemment, s'appliqueraient si le signataire de l'endossement irrégulier tenait lui-même l'effet en vertu d'un endossement régulier qui lui aurait été souscrit par un porteur antérieur, lequel eût été débiteur du tiré. Il est évident qu'en pareil cas il n'y a plus de compensation possible. Si plusieurs endossements irréguliers se suivent à la file et sans interruption, ils sont considérés comme des substitutions de mandat, et, par conséquent, c'est au souscripteur du premier endossement irrégulier qu'il faut remonter pour savoir si la compensation pourrait s'opérer.

La conséquence de ces principes est que, si le porteur, en vertu d'un endossement irrégulier, se trouvait lui-même et personnellement débiteur du tiré, on ne pourrait lui opposer la compensation, puisqu'il n'est que le mandataire du signataire de cet endossement.

L'endossement irrégulier confère pouvoir non-seulement de toucher le montant de l'effet, mais encore de transmettre la propriété du titre; par conséquent le porteur, en vertu d'un endossement irrégulier, ne peut subir que les exceptions qui lui seraient personnelles.

A part ces principes, les règles générales du Code trouvent leur application. Ainsi, si le tiers porteur se trouvait être débiteur du tiré, et si la dette réunit les qualités prescrites par le Code Napoléon, la compensation légale doit s'opérer.

Vu par nous, président de la thèse, RAU.
Strasbourg, ce 6 mai 1852.

FIN.

www.ingramcontent.com/pod-product-compliance
Lightning Source LLC
LaVergne TN
LVHW021705080426
835510LV00011B/1588